Autorin:

Ulrike Solo lebt mit ihrer Tochter und ihrem Mann im Münsterland, nahe der holländischen Grenze. Anfang 2014 gab sie ihren ursprünglichen Beruf als Arzthelferin auf, um neue Wege zu gehen. Neben ihrer Selbstständigkeit als Lebensberaterin und Selbstfindungscoach arbeitet sie heute voller Freude auch an der Seite von behinderten Kindern und hat im August 2014 ihr erstes Buch „Weil Liebe keine Fehler kennt" veröffentlicht. Weitere Bücher von ihr werden folgen. Ihre größte Gabe ist es, jegliche Emotionen und ihre eigene Sicht auf die Welt auf verschiedenen kreativen Wegen anderen Menschen nahe zu bringen. Hier drängt sie sich nie auf, sondern bietet ihren Mitmenschen eine offene Tür und somit einen ehrlichen und authentischen Blick in ihr Herz. Sie selbst sieht sich als Sprachrohr der Seele, für sich selbst und für ihre Mitmenschen. In den ersten Jahren ihres Lebens hat sie selbst unzählige negative Erfahrungen im Leben gemacht und dennoch immer wieder ihre eigenen Wege gefunden, um ihr Leben glücklich und nach ihren Visionen zu gestalten. Ihre Erfahrungen schreibt sie seit Jahren in Form von Gedichten oder Tagesgedanken nieder, die anderen immer wieder Mut und Hoffnung schenken, die eigenen Hürden des Lebens zu meistern und individuelle Träume Wirklichkeit werden zu lassen. Aufgrund der Wünsche Ihrer Mitmenschen hat sie nun einige ihrer Zeilen in Bücher zusammen gefasst, um diese mit der Welt zu teilen. Mehr über Ulrike Solo findest Du hier:

Webseite: www.verstehe-dich-selbst.de

Ulrike Solo

Gedichte und Tagesimpulse für Deine Lebenswege

Bibliografische Information der Deutschen National-bibliothek:

Die Deutsche Nationalbibliothek verzeichnet diese Publikation in der Deutschen Nationalbibliografie; detaillierte bibliografische Daten sind im Internet über http://dnb.dnb.de abrufbar.

© *2014 Ulrike Solo*
www.verstehe-dich-selbst.de

Illustration: pixabay.com

Herstellung und Verlag: BoD – Books on Demand, Norderstedt

ISBN: 978-3-7347-4090-9

Vorwort:

An dieser Stelle möchte ich all den wundervollen Menschen danken, mit denen ich seit Jahren auf unterschiedlichstem Wege meine Gedichte und Tagesgedanken teile, welche stets aus meinen privaten und beruflichen Erfahrungen entstehen. Viele von Euch geben mir seit langer seit die Rückmeldung, dass Euch meine Worte in Eurem eigenen Leben immer wieder darin unterstützen, die Hürden des Lebens in Eurem Tempo zu überspringen und so immer mehr Euch selbst zu leben und zu lieben. Ich bin mit jedem einzelnen von Euch auf ganz individuelle Weise verbunden und danke Euch, dass es Euch gibt.

Deine Reise Deines Lebens

Die aufregendste Reise Deines Lebens
ist die Reise zu Dir selbst.
Du kannst bewusst die Erlebnisse
und Erfahrungen
aus der Vergangenheit nutzen,
um bei Dir
im Hier und Jetzt anzukommen,
und so Deine Zukunft
voller Liebe und freudiger Leichtigkeit gestalten.
Solch eine Reise zu sich selbst,
ist die wunderschönste Erfahrung,
welche kaum in Worte auszudrücken ist.
Wenn wir uns in unserer Gesamtheit begreifen,
bietet uns das Leben
aus unserem Herzen heraus
unendlich viele Möglichkeiten und Wege
zu innerer Leichtigkeit
und innerem Frieden.
Wir können frei entscheiden,
in welche Richtung wir gehen,
was zu unserem Leben gehört
und was nicht mehr.
Wir sind der Kapitän
auf unserem Schiff des Lebens
und wie wir diese Reise,
unser Leben gestalten,
liegt allein in unserer Hand.

Abschied

Und manchmal musst Du Dich
von einem Menschen verabschieden,
obwohl Du ihn liebst.
Vielleicht versteht der andere Deinen Abschied nicht,
und manch einer mag Dich dafür verurteilen.

Doch,
spüre in Dein Herz und erkenne:
Du kannst jetzt sehen,
wo Du Deine Grenzen nicht klar gesetzt hast.
Das fällt schwer und doch ist es so wichtig.
Vielleicht wolltest Du den anderen nicht
verletzten,
vielleicht hast Du versucht, diesem Menschen
einen Teil seines Schicksals abzunehmen,
damit dieser glücklich wird.
Vielleicht hast Du schon oft in Deinem Leben
für andere getragen oder Dich unbewusst
in Schuld verstrickt.

Doch jetzt ist der Moment gekommen,
wo Du Verantwortung nur für Dich übernimmst.
Wage es und mute diesem Menschen
sein eigenes Schicksal und sein Leben zu.
Eure Tränen lassen Euch erkennen,
dass Eure Seelen verstehen und lieben.
Doch manchmal ist dieser andere Mensch hinter der
Seele
so sehr in seinem Schmerz,
dass er nicht erkennt, dass Du ihm ein wertvolles
Geschenk gemacht hast.

Vielleicht versucht dieser Mensch Dich mit Worten zu verletzten,
vielleicht verschließt er seine bewussten Augen und Ohren
für Dich, weil er nur seinen Schmerz im Blick hat.
Und trotz all Deiner Trauer und Deines Abschiedsschmerzes spürst Du,
dass Deine Entscheidung die richtige ist.

Alles ist gleichwertig

Wenn der Mensch verstehen würde,
dass positive Erfahrungen genauso wertvoll sind
wie negative,
dass das Lachen und die Liebe uns genauso reich be-
schenken,
wie die Tränen und der Schmerz,
dann würden wir uns sicher
in vielen Momenten
weniger selbst im Wege stehen
und alles annehmen können,
um uns zu entwickeln
und zu lernen.
Unser Herz weiß all das,
nur fällt es unserem Kopf schwer,
all das zu begreifen.

Alles ist ein Teil von Dir

Es gibt Erlebnisse und Geschehnisse im Leben,
die sind so schmerzhaft,
dass Du die bewussten Emotionen darin
in eine Art Kiste packst
und in Deinem Unterbewusstsein vergräbst.
Deine Seele geht diesen Weg,
um Dich zu schützen aus Liebe zu Dir,
damit Du emotional weiter überleben kannst.
Diese Kiste wächst nicht mit,
sie bleibt in dem Vergangenem stehen,
damit Du als Mensch weiter gehen kannst
in Deinem Leben.
Zu einem späteren Zeitpunkt,
wenn Dein Innerstes spürt,
dass Du genug Kraft gesammelt hast,
um Dich diesem Seelenanteil zu stellen,
wird sie Dich daran erinnern.
Vielleicht zeigt sie Dir im Traum Hinweise darauf,
vielleicht begegnest Du diesen verborgenen Themen
aber auch
bewusst in Deinem Leben.
Dann habe keine Angst,
denn jetzt bist Du bereit,
dem Teil Deines Schicksals die Aufmerksamkeit und
Liebe zu schenken,
die er benötigt,
um den Schmerz ziehen zu lassen.
Alles,
was Du darin findest,
ist ein Teil von Dir,
war es immer
und wird es immer sein.

Nun kann er wachsen,
den Schmerz verarbeiten,
den Frieden finden
und so im Hier und Heute bei Dir ankommen.
Nun kannst Du diesen Seelenanteil
bewusst willkommen heißen in Deinem Leben
und die Kraft und die Liebe,
die darin verborgen ist,
für Dich nutzen.
Und mit jedem Seelenanteil,
den Du auf diese Weise wieder in Dein Leben inte-
grierst,
kommst Du Dir selbst
und Deiner Kraft immer näher
und kannst so eins werden mit Dir.

Als ich in den Spiegel sah

Als ich in den inneren Spiegel sah,
stand ein Engel direkt hinter mir.
Ich drehte mich um und
sah nichts.
Mein Kopf fragte:
"Wie kann das sein? Wo ist er hin?"
Doch mein Herz verstand,
dass ich in meine Seele geschaut hatte.
Sind wir nicht alle himmlische Wesen,
die hier auf Erden
das Geschenk des Lebens erfahren dürfen?

Augen der bedingungslosen Liebe

Für mich gibt es kein besser oder schlechter.
Für mich ist alles gleichwertig und wertvoll,
jeder Mensch, jede Gabe, jedes Talent.
Wenn Du mir mit Neid gegenüber trittst,
mache Dir bewusst,
dass Du dabei nur gegen Dich selber kämpfst
und
Dich verurteilst, bewertest und abwertest.
Entscheidest Du Dich für Neid und Konkurrenz,
sagst Du JA zum Kampf gegen Dich selbst
und
NEIN zum Selbstwert und zur Eigenliebe.
Ich bin unbewaffnet,
sehe Dich weiterhin voller Liebe,
sehe wie wertvoll Du bist.
Ich werde nicht gegen Dich kämpfen,
ich werde Deine Schatten
und
Deine Ängste nicht bedienen.
Ich setze Dir hier liebevoll Grenzen
und warte geduldig,
bis Du bereit bist,
Deine Ängste und Deine Schatten loszulassen,
um Dich auch
mit den Augen der bedingungslosen Liebe zu betrachten.
Ob und wann Du dieses Geschenk annehmen möchtest,
liegt allein bei Dir.

Dein persönlicher Lebensplan

Es gibt Phasen im Leben,
da ziehst Du Dich zurück in die Stille,
um mit Dir, Deinen Ängsten,
Deinen Hürden des Lebens allein zu sein.
Du weinst all die ungeweinten Tränen,
lässt all die Wut zu,
die so lange von Dir unterdrückt wurde
und begreifst immer mehr.
Du erkennst die Zusammenhänge
und Ursachen für alles,
was Dir im Wege stand.
Und plötzlich ist es ganz leicht
die Hürden zu überspringen
und
alles hinter Dir zu lassen.
Und dann erlebst Du den Moment,
in dem Du neu erwachst
und
mit allem, was Du bist
und was zu Dir gehört
zurück ins Leben gehst.
Klarer und gestärkter
als je zuvor,
voller Liebe und Achtung Deiner Selbst.
So gehst Du hinaus in die Welt,
als neuer Mensch
und weißt,
dass das,
was Du tust,
genau das Richtige für Dich ist,
denn
es ist Dein persönlicher Lebensplan.

Die Kraft Deiner Ahnen

Manchmal vergessen wir was war,
wo wir herkommen,
was wir an innerem Reichtum
und Wissen
von unseren Ahnen mitbekommen haben.
Wir sind zu sehr im Schmerz,
verirren uns in der modernen Welt
und
haben keine Antworten mehr
auf unsere Fragen.
Dann ist es Zeit
in Dich zu gehen,
mit Dir allein zu sein.
Und wenn die Tränen etwas versiegen,
wirst Du ihn sehen,
den Weg Deiner Ahnen,
der für Dich bestimmt ist.
Wage es
und
betrete ihn
und
Du darfst von Ihnen die Kraft,
den Mut
und
die Liebe nehmen,
und so gestärkt zurück in Dein Leben gehen.

Dieses kleine Wörtchen "ja"

Es ist nur ein einziger Tag, ein paar Stunden,
ein paar Minuten.
Eigentlich nur ein kleines Wort
und die Unterschrift.
Aber es hat doch so eine große Bedeutung.
Eigentlich bleibt alles beim Alten
und doch wird alles anders.
Die Hände feucht,
das Herz wild klopfend
und Tränen in den Augen.
Dabei wollte man dies doch
mal eben erledigen.
Sich einander versprechen
auch die "Macken" des anderen zu lieben
und nicht nur die "schönen" Beine.
Auf ewig füreinander da zu sein und
stets die Liebe zu hüten und zu pflegen.

Dieses kleine Wörtchen "ja"...

Durch Dich   (Für meine Tochter)

Dein Leben ist noch so jung und
doch weißt Du so viel, was
wirklich wichtig ist.
Durch Dich hebe ich meine selbst gesteckten Grenzen
für mich auf und lebe ein Leben in absoluter Freiheit
und im Glück.
Durch Dich komme ich bei mir an,
ohne Verurteilung, ohne Schuld,
sondern in tiefem Frieden und Achtsamkeit mit mir
selbst.
Durch Dich lernte ich,
Menschen noch intensiver in ihrem Kern zu erkennen
und den höheren Sinn in allem zu begreifen.
Durch Dich denke ich nicht mehr um,
in der Betrachtung meiner Mitmenschen.
Durch Dich öffnete sich mein Blick auf alles was ist,
in uns und um uns herum.
Jeden Tag machst Du mir Dein inneres Leuchten und
Deine große Lebensfreude zum Geschenk
und hebst mich in ein Gefühl von
Glück und Liebe, das mich fliegen lässt.
Durch Dich lernte ich, was Liebe wirklich ist,
wie grenzenlos, bedingungslos und rein sie ist,
wenn wir vollends vertrauen und den anderen erken-
nen,
als das, was er ist.
Durch Dich nehme ich meine Schatten wie auch mei-
ne Stärken an
und gemeinsam tragen und begleiten wir uns
durch jeden Tag.
Was auch immer das Leben uns vor die Füße legt,
wir nehmen es an und meistern alles, was ist,

mit einer Leichtigkeit, die andere oft sprachlos macht.
Du bist ein Teil von mir und ich von Dir.
Du bist mein persönliches Geschenk von Gott,
das größer und reiner nicht sein könnte,
weil Du so bist, wie Du bist.
Ich liebe Dich.
Deine Mutter

Deine Schatztruhe

Reduziere Dich nicht auf Deine Defizite,
denn es wartet ein unendlich großes Potential darauf
von Dir entdeckt zu werden.
Öffne diese Schatztruhe in Deinem Herzen,
angefüllt mit Gaben und Talenten,
die nur zu Dir gehören.
Wenn Du sie voller Freude annimmst und nutzt,
stützen sie Dich in Deinen Lebenskonflikten
und verhelfen Dir stets zu einem
klaren Blick
auf Dich und die Welt.
So hast Du die wunderbare Chance
Dein Gleichgewicht zu schaffen
zwischen Schatten und Licht,
um ein Leben in Deiner
ganz persönlichen Freiheit zu genießen.

Erinnere Dich

Und manchmal gibt es Zeiten in Deinem Leben,
da wird alles dunkel.
Am helllichten Tag verdunkelt sich der Himmel
und Du siehst das Tageslicht nicht mehr,
geschweige denn, den Sinn darin.
Du fragst: „Warum, wozu dient es,
was soll das Ganze, wo liegt hier der Sinn?"
Du spürst vielleicht
den festen Boden unter Deinen Füssen nicht mehr
und wartest hilflos daraus,
wieder die Beine auf der Erde zu spüren.
Du fühlst Dich allein,
hast kaum Worte dafür und hoffst
auf das erlösende Ende dieses Zustandes.
Doch wir sind in diesen Momenten niemals allein.
Lerne zu vertrauen,
Du weißt wie es geht.
Erinnere Dich,
denn alles, was Du dazu brauchst,
liegt in Dir.
Du wirst getragen, in bedingungsloser Liebe,
Du musst nichts tun,
nicht kämpfen, sondern lernen, Dich einfach fallen zu
lassen
in Deinem Urvertrauen.
Dann wirst Du spüren, wie Du gehalten wirst,
wie es beginnt einen Sinn zu ergeben,
welchem höheren Zweck es dient.
Und wenn Du den Mut hast,
Deine Ketten des Kampfes,
des Was-tun-müssens- fallen zu lassen,
kriegst Du endlich wieder Luft zum Atmen.

Höre in Deinen Körper hinein und
genieße erleichtert das Gefühl der Weite und des
Halts.
Lasse Dich fallen,
willenlos, kettenlos, bedingungslos
und plötzlich,
wie von selbst,
löst es sich auf.
Die Dunkelheit weicht allmählich dem Sonnenlicht.
Du spürst die Erde und Deine Sicherheit wieder unter
Dir.
Du hörst den Herzschlag tief in Deinem Innern,
der neue Kraft gewinnt.
Neue Wege und Möglichkeiten zeigen sich,
von denen Du zuvor keine Ahnung hattest.
Du weißt nicht,
wie es genau passieren konnte,
wo diese Kraft und dieses Urvertrauen herkommt,
doch Du spürst,
dass es nur möglich war,
weil Du bedingungslos losgelassen hast,
weil Du Dich selbst nicht mehr gefangen nimmst,
sondern geschehen lässt in Liebe.
Hilflos zu sein ist keine menschliche Schwäche,
denn manchmal ist dies genau die Lösung in unserem
Leben,
die uns an unser Ziel bringt,
was wir schon fast aus unseren Augen verloren hatten.
Habe den Mut aus Liebe zu Dir selbst,
erinnere Dich,
Du kannst es!

Energie der Schamanentrommel

Wenn Deine Musik erklingt,
nimmst Du mich mit auf eine innere Reise.
Jeder Trommelschlag lässt meine Zellen schwingen.
Und so trägst Du mich,
eingehüllt in einem Mantel voller
Frieden, Schutz und Sicherheit
in vergangene Welten,
in denen ich mir selbst begegne.
Durch Deine Liebe und Deine Kraft
begegne ich altem Schmerz, altem Trauma, alter Wut
und finde einen friedvollen Weg, all das loszulassen,
was mich im Hier und Heute noch gefangen nimmt.
Begleitet von all den himmlischen Helfern,
die ich mit Hilfe Deiner Klänge herbeirufe,
verabschiede ich mich von allem Belastendem und
Blockierendem
in meinem jetzigen Leben.
Und wenn ich alles in Liebe und Achtung zurücklasse,
nehme ich voller Dankbarkeit das Geschenk an,
welches mir durch Deine Wegbegleitung sichtbar
wird.
Längst vergessene Kräfte werden spürbar,
verstecktes inneres Wissen wird wieder greifbar und
Anteile meiner Seele begleiten mich wieder bewusst
durch mein
jetziges Leben.
Wenn Deine Melodie dann verstummt,
spüre ich, dass etwas neues altes wieder in mir ist.
Ich nehme es an, ohne Angst und in tiefem Vertrauen
zu mir selbst
und mein Herz springt vor Freude und Dankbarkeit
für Dein Sein.

Erlaube Dir

Ich weiß,
dass Du suchst.
Ich weiß,
dass es schmerzt.
Ich spüre,
wie tief Deine Sehnsucht ist nach Liebe,
Gesehen werden,
innerem Frieden
und der tiefen Quelle allen Seins.
Erlaube Dir, Deine Ängste zu leben,
erlaube Dir, wütend zu sein
und
erlaube Dir, über den Schmerz zu weinen.
So erlaubst Du Dir,
alles, was zu Dir gehört,
zu leben und anzuerkennen,
damit Du begreifst
und alles heilen kann.
So hast Du die unendliche Möglichkeit,
Dein Leuchten,
Dein Licht,
Deine Quelle anzunehmen.
So wird alles klar
und alte Grenzen heben sich auf.
Dann bist Du in Deinem Leben
und im SEIN.

Für meine Mutter

Aus Deinem Schoß bin ich geboren vor vielen Jahren.
Unter welchen Verlustängsten Du die Wochen davor
gelitten hast,
habe ich erst viel später erfahren.

Die Jahre bei Dir waren grau, einsam und kalt
und nicht selten habe ich, ohne es damals bewusst zu
wissen,
die Todessehnsucht mit Dir geteilt.

Zärtlichkeit und Nähe waren uns beiden fremd,
stattdessen sah ich viel zu oft,
wie man Dir unter Gewalt nahm die Würde und Dein
letztes Hemd.

Ich wollte Dich retten, Dich beschützen, weil wir doch
eine Einheit sind
und hab erst viel später verstanden,
dass kann ich nicht, denn ICH bin das Kind.

Mit 9 Jahren ging ich aus freien Stücken fort , um
mein Leben zu retten, ließ Dich zurück,
        kein Amt, kein Erwachsener hat mich damals ehr-
lich gefragt,
wie ich wiederfinden kann mein gebrochenes Herz
und meine Seele Stück für Stück.

Auch all diese Menschen ließen mich allein
und anstatt mir zu helfen, mir zuzuhören,
schlugen sie immer wieder mit Fäusten und vor allen
Dingen Worten auf mich ein.

Mit der Zeit verstand ich immer mehr, warum Du so
oft in Deinen alkoholischen Nebel gingst,
weil andere Dich opferten und peinigten und niemand
wirklich sehen wollte,
auch DU warst einmal ein verlassenes Kind.

Die Liebe und Wärme stets meilenweit weg war in
Deinem Leben
und doch hast Du den letzten Rest von Deinem Her-
zen
aus tiefer Liebe an mich gegeben.

Ich danke Dir Mama und sage Dir, ich hab es geteilt,
mit meiner Tochter, die unendlich viel Liebe und Frie-
den in sich trägt,
mit ihr hab ich mein Herz und meine Seele geheilt.

Heut bin ich gekommen, um Dir ein Päckchen zurück
zu geben,
darin sind dunkle Erinnerungen und ich hab endlich
verstanden,
sie gehörten stets zu Deinem Leben.

Ich lass all das bei Dir, lasse Dich damit wachsen und
Sein,
und jedes Licht der unzählig vielen Adventskerzen
hier zu Haus
trägt ein Stück von Dir und Deinem wundervollen
doch für zu viele unsichtbaren Schein.

Auch Du bist hier wichtig und lebst in meiner Tochter
und mir,
so nah und liebevoll zärtlich in unseren Augen und
Herzen,

als wärst Du jede Sekunde selber hier.

Ich wünsche Dir Frieden, Liebe und Licht,
auch wenn ich im Leben nicht an Deiner Seite bin,
sage ich laut, Mama, liebe ich Dich.

All die Talente und Gaben, die ich von Dir in mir trage,
leben in mir weiter und ich teile sie mit der Welt,
weil ich es so sehr liebe, dass ich all das habe.

Auch wenn ich Deine Hand im Leben nicht halten
werde bei Deinem Übergang,
höre ich unsere Liebe und unsere Mutter-Tochter-Verbindung
in meinem Herzen auf ewig als wundervollen Klang.

Mögen viele Menschen es anders bewerten und sehen,
für mich bist Du meine Mama und ich sage aus Liebe,
ich hab Dich stets wirklich gesehen.

Deine Kraft und Liebe in mir ist ein Teil von mir,
und trotz all der Dunkelheit in unserer Vergangenheit
trage ich all das voller Stolz im Jetzt und Hier.

Danke Mama, für alles was Du für mich bist,
kein Abwenden mehr, unendlich viel Raum für Nähe
und Zärtlichkeit,
in mir für Dich, was wir beide so lang in unserem Leben vermisst.

In tiefer Liebe, Deine Tochter

Geschenk des Lebens

Dankbar und voller Liebe
nehme das Geschenk meiner Eltern an,
um mich darin zu entwickeln
mit allem, was ich bin.
Vieles war nicht immer leicht.
Vieles konnten sie mir nicht schenken.
Doch
ich achte ihr Schicksal
und ihre Entscheidungen
und lasse los.
Und so bin ich frei,
um das Geschenk zu ehren,
was sie an mich weiter gaben,
aus tiefster Liebe und Hoffnung,
dass ich etwas daraus mache.
Danke,
dass ich
durch Euch
leben darf.

Wenn Gott Dir seinen Weihnachtsengel schickt

Und wieder einmal ist ein Jahr fast vorbei
und leuchtende Kinderaugen warten sehnsüchtig aufs
Christkind.
Mamas kochen in den Häusern um die Wette
und Papas stellen die letzten Weihnachtsbäume auf.
Die letzten Geschenke werden verpackt, Haare ge-
föhnt und
nochmals schnell das Make-up aufgefrischt.
Nervöse Kinder, die vor Aufregung streiten, rennen
und kaum zu bändigen sind.
Und genau in diesem Moment hörst Du eine leise
liebliche Stimme:

„STOP, halte inne,
schau hin, nicht nur flüchtig, sondern ganz genau.
Halte für einen Augenblick den Atem an.
Öffne Dein Herz und all Deine Sinne.
Trau Dich, wage es, es ist kein Traum."

Und dann,
wenn Du dann stehst inmitten vom alljährlichen
Weihnachtschaos,
wirst Du sehen und fühlen, vielleicht
zum ersten Mal in dieser Woche, in diesem Monat,
in diesem Jahr oder sogar
zum ersten Mal in Deinem Leben...
Weihnachten...
Jeder Teil Deines Körpers ist angespannt vor Aufre-
gung,

Dein Herz und Deine Seele werden ganz weit,
Wärme, Liebe und Frieden überall, es ist,
als könntest Du fliegen,
Hoffnung im Innern, die niemals stirbt.
Fühle Deinen Weihnachtsengel, der seine schützenden
Flügel um Dich legt.
Dieser Moment ist ewiglich.
Und egal wo Du bist, was Du bist,
wie Du lebst, ob arm oder reich,
weißt Du doch genau in diesem Moment,
nichts ist reiner, echter und friedvoller als all das.
Und wenn Du Dich nun umschaust siehst Du nur noch
leuchtende Kinderaugen voller Träume,
Papas, die voller Stolz den Weihnachtsbaum bewun-
dern, weil er doch
einigermaßen grade steht...
Und Dein Weihnachtsengel und Gott lächeln und sa-
gen zu Dir:

„Es ist wieder vollbracht.
Gehe hinaus in die Welt und mache andere Menschen
sehend.
Gib niemals auf, denn die Hoffnung auf Liebe und
Frieden der Menschen
ist unendlich groß.
Trau Dich, hab keine Angst,
denn die Weihnachtsengel sind ewiglich.

Ein Hauch von Weihnachten

Kälte im Gesicht
Wind pfeift um die Nase
und die Finger kribbeln
Hektisches Treiben überall
die Straßen voller Autos
in den Fenstern
warme Weihnachtsdekoration
- eines schöner als das andere -
Verkäufer, die wie wild verkaufen
und kassieren
und hier und da
ein Kind mit großen
glanzvoll leuchtenden Augen
in der Vorfreude aufs Christkind
Plötzlich
fühle ich wie ich lächle
Wärme durchströmt meinen
Körper bis in die Zehen
mein Herz wird ganz groß
und weit
Frieden und tiefe Glückseligkeit
in jeder Pore meines Körpers
Tief atme ich all das ein
ein Hauch von Weihnachten
in den Augen der Menschen
Schade dass dies nur
einmal im Jahr passiert.

Heilung geschieht genau dort, wo Du sie am wenigsten erwartest

Als ich meine Illusion auflöste,
stand sie da,
traurig, nutzlos und verloren.
Ich nahm sie in den Arm,
dankte ihr voller Liebe und sprach:
"Ich danke Dir, dass Du mich beschützt hast,
als ich es allein nicht konnte.
Du hast mich umarmt,
Dich vor mich gestellt und
dort gekämpft für mich aus Liebe,
wo ich mit gebrochenem Herzen und
fehlendem Vertrauen am Boden lag.
Du hast viel getragen,
viel Schmerz ausgehalten
und doch nie aufgehört bedingungslos meine Hand zu
halten.
Für all das sage ich heute aus tiefstem Herzen DAN-
KE
und lasse Dich ziehen in Dein Leben."
Die Illusion schaute mich an,
konnte die liebevolle und dankbare Aufmerksamkeit,
die ich ihr schenkte,
kaum fassen
und dann umarmten wir uns
auf gleicher Augenhöhe als ehemalige Weggefährten.
Sie ging in ihr Licht und ich in das meine
und so feiert jeder auf seine eigene Art
sein Leben in innerem Frieden und Heilung.

Ich bin

Und ich zog mich zurück
und begab mich auf die Suche.
Ich suchte das verlorene Vertrauen,
die Kraft,
den Mut,
die Freude,
den Selbstwert,
die Stimme in mir
und vieles mehr.
Irgendwie hatte ich einiges davon
auf dem letzten Pfad verloren,
wie es mir schien.
Nach vielen Tränen und Kämpfen
sank ich müde in mich zusammen und
hatte das Gefühl
in unendliche Tiefen zu fallen.
Doch plötzlich bemerkte ich,
dass ich nicht fiel,
sondern getragen wurde.
Ich fiel dem Abgrund nicht entgegen,
sondern schwebte über ihm.
Ich wurde getragen von etwas Großen, Starken,
das keine einschränkenden Worte kennt.
Ich spürte die Liebe,
die Sicherheit,
die Energie,
die Entschlossenheit und Weisheit.
Verflogen waren die Angst,
die Selbstzweifel,
die Demütigung gegen mich selbst.
Ich fragte:
"Wer oder was bist Du,

dass Du mich so sehr beschützt und liebst,
wo kommst Du her, wo warst Du?"
Und es sprach zu mir:
"Ich bin Deine Seele,
ich bin Dein Seelenplan.
Ich bin Dein Licht,
Deine Weisheit,
Dein allumfassendes Wissen,
dass keine Grenzen kennt.
ICH BIN DU, ICH BIN..."
Da begriff ich
und nahm mich an,
fand alles das zu Hauf in mir,
was ich verloren geglaubt hatte und
noch viel mehr.
Und wenn ich heute meine Weg
nicht genau sehen kann,
wenn ich unsicher bin
und mich die alte Angst einholen möchte,
dann lasse ich diesen lichtvollen Teil in mir los
und er fliegt voraus,
um mir meinen Weg zu leuchten.
Ich bleibe bei mir und im Vertrauen zu mir,
mache mir meine Ängste zu Verbündeten,
denn sie schützen mich
in vielen menschlichen Momenten.
Und so ziehen wir alle Hand in Hand als Team
weiter in meine Zukunft
mit dem Vertrauen und
der Quelle der Gegenwart und
dem Wissen aus der Vergangenheit.
Wir sind eins,
denn alles bin ich.
ICH BIN !!!

Ich danke Dir

(Für all die wundervollen Menschen, die ich schon auf
ihrem Lebensweg begleiten durfte)

Ich danke Dir, dass Du mir ehrlich begegnest
mit allem, was Du bist.
Ich danke Dir für Deinen Mut, mir nicht nur Dein
Licht,
sondern auch Deinen Schatten zu zeigen.

Ich danke Dir, dass Du mir Einlass gewährst in Dein
Herz,
wo all Dein Glück und auch Deine größte Angst ver-
borgen liegt.
Ich danke Dir, dass ich Deine Hand halten darf,
wenn Du Dich schwach fühlst,
um Dich an Deine Stärke zu erinnern.

Ich danke Dir, dass ich Dich umarmen darf,
wenn Du Dich verurteilst,
um Dich Deine eigene bedingungslose Liebe wieder
spüren zu lassen.
Ich danke Dir, dass ich Dich zu Deiner eigenen inne-
ren Quelle begleiten darf,
die Du vergessen hast,
damit Du darin wieder baden kannst.

Ich danke Dir, dass ich in Deine Augen sehen darf,
wenn diese sehen, verstehen und annehmen
und Du wieder ein Stück näher bei Dir bist.
Ich danke Dir für das tiefe Vertrauen,
welches Du mir in Deiner Dunkelheit schenkst,

während wir gemeinsam Deinem Licht entgegen gehen.

Ich danke Dir, dass Du meine Hand loslässt,
wenn Du für Dich Deine Sicherheit wieder spürst
und weißt, dass Du jetzt wieder allein allem begegnen
kannst.

Ich danke Dir fürs Teilhaben lassen,
denn in der Begleitung auf Deinem Weg
erkenne ich auch für mich,
spüre ich auch für mich,
hinterfrage ich auch für mich,
erlebe ich auch für mich.

Ich danke Dir, dass ich dabei noch intensiver mich
selbst begreife,
für mich selbst nochmals gerade rücken darf,
was sich manchmal nochmals verschieben wollte.

Ich danke Dir, dass wir auf diese Weise einander dienen
und voller Demut, Dankbarkeit und bedingungsloser
Liebe glücklich annehmen,
dass wir alle einzigartig und miteinander verbunden
sind.

Jede Sekunde

Wenn Du mein NEIN zu etwas ignorierst,
schadest Du Dir selbst.
Wenn Du meine gesetzten Grenzen als persönliche
Ablehnung empfindest,
schadest Du Dir selbst.
Wenn Du mich übermächtig wahr nimmst,
schadest Du Dir selbst.
Wenn Du mir nur Deine Masken zeigst,
schadest Du Dir selbst.
Wenn Du Dich in Unwahrheiten verstrickst,
schadest Du Dir selbst.
Wenn Du mich einengst und kettest,
schadest Du Dir selbst.

Wenn Du bereit bist zu erkennen,
zu spüren, zu sehen,
dann fühlst Du Dich selbst.
Wenn Du bereit bist Dich selbst anzunehmen,
mit Licht und Schatten,
dann lebst Du Dich selbst.
Wenn Du bereit bist Deine wahre Größe zu leben,
dann dienst Du Dir selbst.
Wenn Du bereit bist Frieden mit Dir zu schließen,
dann liebst Du Dich selbst.
Wenn Du bereit bist alle Waffen niederzulegen,
dann vergibst Du Dir selbst.

Jede Sekunde ist genau der richtige Moment
Dich dafür zu entscheiden.
Jede Sekunde ist genau der richtige Moment
Dich selbst bedingungslos zu lieben.
Jede Sekunde ist genau der richtige Moment

Dein Leben zu Deinem Fest zu kreieren.
Jede Sekunde ist genau der richtige Moment
die Einsamkeit zu verlassen und Nähe zu leben.
Jede Sekunde ist genau der richtige Moment
die Liebe wieder in Deinem Leben willkommen zu
heißen.
Jede Sekunde ist genau der richtige Moment.

Welche Sekunde Du Dir aussuchst,
liegt allein bei Dir.

Kinderherzen

Du fragst mich,
warum Kinder die Anwesenheit der Engel
nicht anzweifeln?
Weil sie genau dort bedingungslos vertrauen,
glauben,
sehen,
fühlen und lieben,
wo der erwachsene Verstand sich
viel zu oft
in Zweifel verstrickt.

Kinder des Glücks

Die meisten Menschen, die Euch anschauen,
sehen zu aller erst Eure „Behinderung", Euer „Leid".
Sie wagen es kaum, Euch wirklich zu begegnen, denn
sie
können noch nicht wirklich sehen und verstehen,
dass ihr so unsagbar glücklich und reich seid.
Wenn ich in Eure Augen blicke,
dann sehe ich die Liebe,
die bedingungslose und reine Liebe,
gepaart mit unendlicher Lebensfreude und Glück.
Ihr mögt im Leben verschüchtert sein,
Euch oft nicht wagen Euch zu zeigen,
aus Angst, dass Euch alle nur mitleidig anschauen.
Doch ich sehe, ich spüre Euch genau so, wie ihr seid.
Ich sehe Euer reines Licht in Euch,
Eure wunderschönen tiefen Gaben, die jeder von Euch
in sich trägt,
die Euch so reich und wichtig machen für diese Welt.
Einige von Euch schauen mich erst ungläubig an
und benötigen etwas Zeit, um zu vertrauen und
zu glauben, dass ich Euch auf gleicher Augenhöhe be-
gegne.
Einige von Euch erkennen es sofort und fliegen in
mein Herz.
Und dann, wenn unsere Seelen und Herzen sich
spielerisch und voller Liebe umarmen,
werden wir gemeinsam durchflutet von
Liebe, Licht und Glück, dass man
in Euren Augen wie kleine Sterne funkeln sehen kann.
Überall ist Leben in Euch, keine Grenzen die behin-
dern,

sondern absolute glückliche Freiheit mit allen Mög-
lichkeiten dieser Welt.
Wenn ich dann Euer Strahlen sehe, bin ich erfüllt von
Glück
und unendlich dankbar, dass ich daran teilhaben darf,
denn jeder von Euch ist ein Kind des Glücks.

Leben nach dem Tod

Schließe Deine Augen und
schau nur wie sie lächelt,
wie sie Dir zuwinkt,
wie sie tanzt und mit Dir
auf satten grünen Wiesen spielt,
in Euren Herzen nur Liebe,
Frieden und Geborgenheit,
gemeinsam im Arm haltend weinen und kichern,
wann immer Ihr Euch danach sehnt,
eine Verbindung für die Ewigkeit,
vollkommen grenzenlos
über alle Ebenen hinaus,
Du riechst ihren Duft,
spürst ihre wärmende Nähe,
immer und jederzeit wenn Du sie brauchst,
und zu jeder Stunde,
wenn Du an sie denkst...
Ist das nicht auch eine Art Leben nach dem Tod?

Liebe ist alles

Liebe ist alles was wir brauchen,
um geschundene Seelen zu heilen.
Lieber Verstand,
wir brauchen Dich um zu helfen und
in Worte auszudrücken.
Wir betten Dich ein
auf ein Kissen voller Rosen,
voller Achtung und Liebe.
Bist Du doch so ein vertrauter
Freund und Gefährte.
Und bist Du im Urlaub,
dann habe Spaß und
erfahre Liebe, Achtung und Harmonie.
Lebensfreude, freier Wille
ist das höchste Gut von Gott geschenkt.
Niemals wollen wir auf Dich verzichten.
Und Du mein Höheres selbst,
voller Licht und Wärme stehst Du an meiner Seite,
auf den üppigen Feldern,
wo Blumen und Gemüse wachsen.
So viel junge Saat,
so liebevoll gepflanzt,
werden wir gemeinsam uns darum kümmern
und alles wachsen lassen.
Hier ist immer Frieden, Ruhe, Liebe,
absolute göttliche reine Liebe,
Klarheit an Wegen, zärtliche Ehrlichkeit,
achtungsvolle Toleranz
in so üppiger Form und Fülle.
So können wir nähren all diejenigen
die frieren, verzweifeln, weinen, sich verirren
und ihnen einen möglichen Weg zeigen

um Ruhe und Frieden zu finden,
um göttliche Liebe, Heilung und Frieden
zu finden für sich und ihre Seelen.
Wir gehen mit ihnen gemeinsam,
lassen sie frei wählen und
zeigen ihnen Möglichkeiten.
Halten ihre Hände und ihre Herzen
sanft in unserer Liebe.
Und so können sie mutig und freudig
schauen, fühlen, sehen, hören.
Gott und seine Schöpfung,
in Liebe, Achtung, Frieden.
Liebe ist alles...

Liebe ist...

Liebe ist,
wenn die Zeit stehen bleibt und
Nähe in tiefer Liebe zueinander lebt;
Schweigen und Stille verbindet,
weil wir unsere Herzen sprechen lassen
und uns fallen lassen miteinander;
wo Unsicherheit keinen Raum mehr hat,
weil wir keine Beweise brauchen,
sondern einfach wissen;
wo weltliche Geschenke überflüssig sind,
weil wir unser Wir als höchstes Geschenk wahrneh-
men.

Leben

Leben ohne Grenzen
ohne Zäune
ohne Zwänge
Total frei
um endlich glücklich zu sein
und das Leben
aus vollen Zügen genießen
und mit jeder Pore meines Körpers
aufzunehmen
Sonnenstrahlen
Vogelgezwitscher
Schmetterlinge fröhlich tanzend
in der Sonnenglut
Blumen
herrlich duftend
und ich
tanzend im Gras
lebensbejahend
und nur noch lachend
Tranen des Glücks und der Freude
in meinen Augen
Leben - nur noch Leben
oh man
ist das geil !

Möge Dein Engel Deine Seele berühren

Möge Dein Engel seine Flügel um Dich legen,
schützend und tröstend,
Kraft spendend und Dich
im Glauben stärkend.
Möge Dein Engel Deine Tränen trocknen,
Dein Lachen nähren,
Deine Ängste vertreiben
und Dein positives Denken lenken.
Möge Dein Engel zu Dir sprechen
in Deiner stillen Stunde,
wenn Du voll und ganz ruhst
in Dir selbst,
ohne Zweifel an Dich,
an Deine Liebsten,
an das Leben.
Dann kannst Du Dich
voll und ganz
fallen lassen im Glauben
und in seinen Flügeln
denn
dann seid ihr eins.

Mut zur eigenen Wahrheit

Viel zu lang saß ich hier
und habe ge-wartet und er-wartet,
dass etwas passiert,
dass Du etwas tust.
Habe gefordert, verschwiegen, mich versteckt,
mich selbst klein gemacht.
Habe die Verantwortung für alles selbst genommen,
mich geopfert und Dich dafür angeklagt.
Als ich all das sah, zog ich mich zurück
ins Nirgendwo und machte mein Herz zu.
Brauchte Zeit für mich zu erkennen,
mir selbst zu vergeben und
mich selbst wieder lieben zu lernen.
Begrub das Opfer in mir und sah meine eigene Größe,
die keines Opfers oder Täters bedarf.
In dieser Zeit ließ ich Dich allein
mit all der Verantwortung, der Deinen UND der Mei-
nen
und konnte und wollte nicht verstehen,
warum mir das die Luft zum Atmen nahm.
Verlangte von mir noch mehr Verständnis,
noch mehr Vertrauen und Liebe und
opferte mich doch dadurch wieder auf andere Weise.

Jetzt stehe ich hier,
schutzlos, offen, klar und bereit,
zu mir selbst zu stehen.
Nehme meine Ängste und Schatten an
und nenne sie beim Namen.
Mache mich nicht klein und auch nicht groß,
denn so wie ich bin, bin ich genau richtig.
Keine Lügen mehr,

kein Verstecken mehr,
kein Ignorieren mehr von dem,
was auf uns wirkt.

Jetzt sitze ich hier und er-warte keinerlei Liebes-be-
weise mehr,
denn die sind ein Teil der Vergangenheit,
die keine Wahrheit und bedingungslose Liebe kennt.
Jetzt sitze ich hier und zeige
Mut zur Wahrheit, Klarheit, Offenheit, Ehrlichkeit
und echte liebevolle gewollte Aufmerksamkeit.

Jetzt sitze ich hier und mache Dir
meine Liebe zum Geschenk.

Eine Liebe, die aus unseren menschlichen Bedürfnis-
sen
und aus unserer ewigen inneren Verbindung wächst.
Eine Liebe, die uns beide auf eine Augenhöhe stellt
und keine Schuld kennt.
Eine Liebe, die das Schicksal des anderen achtet,
und nur noch die eigene Verantwortung trägt.

Eine Liebe, die erkennt, spürt, vertraut und
ein tiefes Wissen in sich trägt,
einander zu dienen.
Eine Liebe, zu der Du zu jeder Zeit Nein sagen
kannst,
egal warum und die sich dennoch nicht verändert,
weil sie bedingungslos ist.
Eine Liebe, in der Du selbst jederzeit die freie Wahl
hast,
ob Du sie annimmst und mit mir leben magst,
nicht weil ich es wünsche,

sondern weil Du es so ersehnst und
Dein Herz Ja dazu sagt.

Eine Liebe, die echt ist, Ängste zulässt,
Licht und Schatten trägt und einander begleitet.
Eine Liebe, die sich abgrenzt von dem, was wir zeigen,
weil sie liebt, wie wir wirklich sind.

Nimm Dir Zeit

Es gibt Zeiten im Leben,
da musst Du Deine Wege alleine gehen,
auch wenn es Dein Herz zerreißt.
Erlaube Dir die Trauer,
erlaube Dir den Schmerz,
denn so findest Du,
wenn Du soweit bist,
wieder zurück in Deine Kraft
und in Deinen Mut.
Und wenn die nötige Zeit vergangen ist,
wirst Du
trotz allem
danken können für die Erfahrung,
denn sie prägt Deine Zukunft.
Und wenn die nötige Zeit vergangen ist,
wird auch Dein Herz wieder bereit sein
für die Liebe.

Seeleninsel

Und wenn der Alltagsstress und die Zeitnot
mal wieder zu viel wird,
dann schließe ich meine Augen
und atme tief in mich hinein.
Ein und aus,
tief ein und wieder aus,
bis ich dort bin,
auf meiner Insel.
Und wenn ich mir genügend Zeit nehme,
kann ich den Wind von dort im Gesicht spüren,
ich rieche den erholsamen Duft
vom salzigen Meer
und nehme den Frieden meiner inneren Wurzeln
tief in mich auf.
Ich lasse die Sonne meine Haut berühren
und spüre den Sand
und das Gestein unter meinen Füssen.
So atme ich ein und aus,
bis ich mit all meinen Sinnen
nichts anderes als das Gefühl von
Heimat und Wurzeln spüre.
Ich tanke meine Energiereserven auf und
fülle meine Taschen mit dem Glück,
der Heimat,
der Ruhe,
die ich nur dort so intensiv wie nirgends empfinde.
Und wenn alles bis zum Rand gefüllt ist,
komme ich langsam wieder zurück,
ins Hier und Jetzt
und bewältige meinen Tag und meine Aufgaben
mit dem Lächeln und
der Liebe von dort im Gesicht

Auf leisen Sohlen

Sie kommen auf leisen Sohlen ganz unbemerkt.
In Gestalten und Formen,
in denen Du sie niemals vermuten würdest.
Sie stehen nie in erster Reihe an der Spitze,
sondern wirken stets aus dem Hintergrund in voller
Demut,
denn genau dort möchtet sie sein.
Sie verurteilen nicht, sie erkennen alles,
sehen all Deine Schatten und
lieben Dich bedingungslos mit allem was du bist.
Sie begreifen all das,
was Du selbst in Dir als Fehler oder Mangel bezeich-
nest und
bewundern Dich doch gerade deshalb voller Liebe für
diese Menschlichkeit.
Sie stehen immer bei Dir.
Auch wenn du kein Licht mehr siehst, erhellen sie Dir
Deinen Weg.
Sie halten stets Deine Hand
und würden Dich niemals in eine Richtung schieben,
sondern begleiten Dich,
egal welchen Weg Du wählst.
Sie erkennen die Wunder und Dein Wachstum
gerade in Deinen gefühlten Niederlagen und
spüren gerade hier Deine Geschenke Deines Lebens.
Sie dienen stets Deinem freien Willen mit allen Kon-
sequenzen
und legen Dir immer wieder lichtvolle Geschenke vor
die Füße,
die Du annehmen darfst,
wenn Du soweit bist.
Sie kennen keinen Neid, keine Konkurrenz,

sondern ziehen ihre Liebe und ihre Kraft stets aus dem
göttlichen Licht.
Wenn Du sie bewusst wahrnimmst,
verändert sich Dein Leben,
Dein Horizont wird grenzenlos und
Du spürst ihr Sein in einer wunderbaren Intensität,
für die es keine menschlichen Worte gibt.
Sie drängen sich nie auf, sondern warten stets in liebe-
voller Ehrfurcht,
bis Du bereit für Deinen bewussten Kontakt bist,
für Deinen Kontakt mit den Engeln und
Deinem eigenen engelhaften Licht.

Selbstbewusstsein

Selbstbewusstsein hat nichts mit mit Arroganz
oder Überheblichkeit zu tun.
Selbstbewusstsein ist das klare und annehmende Be-
wusstsein
seiner Stärken und Schwächen im harmonischen
Gleichgewicht.
Selbstbewusste Menschen mache sich
unabhängig von den Bewertungen anderer
und leben somit ihre Freiheit
und ihr Leben mit allem,
was dazu gehört
in bedingungsloser Liebe zu sich selbst.

Der Sinn des Lebens

Ein bisschen mehr WIR
und weniger ICH,
ich sage Dir Mensch,
das schadet Dir nicht.
Nicht nur viel Geld, Dein Job und vielleicht Ruhm
machen Dich wertvoll in Deinem Tun.

Es gibt ja auch Menschen
krank, wehrlos und klein.
Lasst uns zu denen doch
etwas MENSCHLICHER sein.
Zum Ursprung des Sinn des Lebens zurück,
ich weiß heute,
dort wartet Dein Glück!
Die Freude am Leben, ob arm oder reich,
die Freude zu geben,
wieviel ist doch gleich.

Und bist Du ganz unten
und ist das Schicksal Dein Feind,
es ist nicht alles so schlecht wie es scheint.
Schau Dir die Augen Deines lachenden Kindes an,
dann weißt Du sicher,
wie schön und wertvoll Deine Welt sein kann.

Und wenn wir einst gehen von dieser Welt
und der Herrgott uns seine Türen aufhält,
so sieht er ganz sicher in Dein Herz hinein
und schickt Deine Freude als Licht in die Welt hinein.
Dann gibt es all denen ein wenig Wärme und Trost,
die krank oder schwach sind
und

meistens allein.
Und so lebst Du weiter mit all Deinem Glück
und Deine Seele geht ins Leben zurück.

Sieh genau hin

Nur weil ich zu manchem Dinge schweige,
heißt das nicht,
dass ich keine Meinung dazu habe.
Nur weil ich manche Dinge scheinbar übersehe,
heißt das nicht,
dass ich blind bin.
Nur weil ich gelernt habe meine Mitmenschen
zu akzeptieren und
sie so zu lassen, wie sie sind,
heißt das nicht,
dass ich mich verbiege.
Wenn Du glaubst,
dass Du über mir stehst,
Lügen und Täuschung Dir dienen,
um mich ruhig zu halten,
hast Du schon verloren.
Denn dann komme ich grad richtig
in meine Kraft und beginne,
mich nach meinen Regeln auszuleben,
frei von jeglichen Erwartungen anderer.

Stadionduft

Adrenalin in der Luft,
Gänsehaut und
unermessliche Energie,
den Puls des Stadions spüren
mit all Deinen Sinnen,
Leben,
Freude,
Euphorie,
Spannung ins Unermessliche,
bis der Vulkan ausbricht.
Lass Dich mitreißen
von der Welle des Jubels,
lass Dich tragen
von fantastischer Freude,
wenn alle sich in den Armen liegen
und
es keinen Unterschied mehr macht,
ob Du arm bist oder reich,
wenn Deine Hautfarbe
oder Nationalität
gleichgültig ist,
wenn Alter keine Rolle mehr spielt.
Alle sind gleich im Freudentaumel,
der Dich durchströmt
wie eine Kraft des Glücks,
für die es keine Worte gibt.
Was kann es schöneres geben,
als einfach nur zu leben?

Tage des Glücks

Vielleicht ist Dein Leben grad aus den Fugen geraten,
vielleicht machen sich Zweifel und Ängste in Dir breit
und Dir fehlt die gefühlte Sicherheit im Leben.

Vielleicht fragst Du Dich, wo Du hingehörst,
wo Du mit allem was Du bist sein darfst,
vielleicht hörst Du die Stimme in Deinem Innern seit
einer Weile nicht mehr.

In solchen Momente kann es helfen aufzustehen
und auf einen Berg zu steigen.
Während Du hinauf läufst,
lasse alle Gedanken in Deinem Kopf los.
Packe sie alle gedanklich in einen Rucksack
und lass sie am Fuße des Berges stehen.
So kannst Du befreit nur für Dich den Aufstieg wagen.

Und wenn Du oben angekommen bist,
dann nehme Dir Zeit,
Zeit zum bewussten Atmen,
Zeit für Dich,
Zeit mit der Natur.
Wenn sich Dein Puls
und Dein Herzschlag von der Anstrengung erholt haben,
dann wage den Blick nach unten,
auf alles, was Dich belastet hat.
Schau Dir Dein Leben und
Deine Situation aus der Vogelperspektive genauer an.

Jetzt hast Du die Chance zu erkennen,

dass Deine Ängste und Zweifel nicht so groß sind,
wie Du zuvor dachtest.
Jetzt hast Du die Chance die Lebenswege zu sehen,
welche Dir aus Deiner vorherigen Sicht verborgen
blieben.
Jetzt hast Du die Chance wahrzunehmen,
was sich hinter Deinen Ängsten und Zweifeln
an Wundern verbirgt, die nur darauf warten,
von Dir entdeckt und gelebt zu werden.
Jetzt hast Du die Chance
diesen neuen Blick dafür zu nutzen,
um wieder zu träumen, zu hoffen, zu leben
mit allem was Du bist.

Und wenn Du nach einer Weile des Staunens
wieder von dem Berg hinab steigst,
wird es keine Anstrengung mehr sein,
all dem,
was unten auf Dich wartet
zu begegnen,
denn nun kennst und fühlst Du wieder
Deine Perspektiven und Möglichkeiten.
Du fühlst Dich und
die Stimme Deines Herzens spricht wieder
laut und deutlich zu Dir.

Und unten angekommen
kannst Du voller Glück, Energie, Frieden und Kraft in
Dir
Deinen Ängsten und Zweifeln begegnen.
Nun weißt Du,
was für Dich nötig ist,
damit Du Dich wieder sicher und geborgen fühlst.
Du weißt,

wo Deine Aufgaben liegen,
wo die Orte sind im Leben,
wo man auf Dich wartet,
weil Du dort fehlst mit allem was Du bist.

Atme sie bewusst ein,
diese Tage des Glücks,
denn kein Geld der Welt macht Dich innerlich reicher,
als diese Liebe und dieser Frieden in Dir,
denn dann erkennst Du den Sinn hinter allem
und alles fügt sich zusammen.

Trotz allem oder vielleicht auch gerade deswegen

Mein Leben war in vielen Zeiten geprägt von
Schmerz, Gewalt, Enttäuschungen, Verrat und Trä-
nen.
Oft habe ich die unterschiedlichsten Höllen durch-
quert,
in tiefer Hilflosigkeit und lautlosen Schreien.
Und manchmal, wenn ich wie jetzt hier so sitze,
dann verstehe ich die Fragen anderer,
woher ich die Kraft und die tiefe Liebe
zum Leben und zu den Menschen nehme.
Mein Verstand sagte mir nur all zu oft:
„Vertrau nicht mehr, liebe nicht mehr, denn

Du weißt doch, was folgen wird..."
Und genau in diesen Momenten,
wo ungeweinte Tränen der Erinnerung fließen,
höre ich dieses sanfte Flüstern aus meiner Seele.
Und sie spricht:
„Hör nicht auf ihn,
er weiß es zur Zeit noch nicht besser.
Du weißt, was Du bist und ja,
Deine Vergangenheit hat Dich stark geprägt,
so wie bei jedem anderen Menschen auch.
Du liebst das Leben trotz allem
oder vielleicht auch gerade deswegen.
Du liebst Dich und die Menschen bedingungslos trotz
allem
oder vielleicht auch gerade deswegen.
Du siehst hinter die Masken und den Schmerz anderer
trotz allem
oder vielleicht auch gerade deswegen.
Du liebst den tiefen Frieden mit allem was ist trotz al-
lem
oder vielleicht auch gerade deswegen.
Du verurteilst und richtest nicht über andere trotz al-
lem
oder vielleicht auch gerade deswegen.
Du erkennst und nimmst alles an trotz allem
oder vielleicht auch gerade deswegen.
Nach jedem Niederfall erhebst Du dich strahlend
und lebensbejahend trotz allem
oder vielleicht auch gerade deswegen.
Du lässt Deinen Mitmenschen stets die freie Wahl
trotz allem
oder vielleicht auch gerade deswegen.
Du erkennst auch in der Dunkelheit das Wunderbare
und Heilsame trotz allem

oder vielleicht auch gerade deswegen.
Du liebt die Wahrheit und Wahrhaftigkeit trotz allem
oder vielleicht auch gerade deswegen.
Du hörst mitfühlend hin, siehst klar hin ganz ohne
Worte trotz allem
oder vielleicht auch gerade deswegen.
Du bist tiefe bedingungslose friedvolle Liebe trotz allem
oder vielleicht auch gerade deswegen."

Und genau dann bin ich still verbunden mit mir,
mit meiner Quelle,
wo alles gut und im Frieden ist.
Ich wische die Tränen der Erinnerung fort
und breite die Arme aus,
um das Leben zu begrüßen, auch in dem Wissen,
dass ich mich hin und wieder in
meine innere Höhle zurückziehe,
um erneut dem sanften Flüstern meiner Seele zu lauschen.
So kümmere ich mich um mich selbst,
so liebe ich mich selbst bedingungslos,
so schenke ich allem liebevolle Aufmerksamkeit,
was zu mir gehört.
Ja,
ich weiß, was ich bin -
ich bin Liebe, Frieden, Lebensfreude,
Leichtigkeit, Mitgefühl, Ehrlichkeit
und vieles mehr
trotz allem
oder vielleicht auch gerade deswegen.

Tiefe Dankbarkeit für mein Sein

Ich danke mir,
dass ich immer zu mir steh,
dass ich den Glauben an die Liebe nie verlier,
obwohl das oft alles andere als einfach war.
Ich danke mir,
dass ich gelernt habe loszulassen,
um bei mir zu bleiben.
Ich danke mir,
dass ich das Schicksal anderer anerkenne
und ihnen so
voller Liebe und Mitgefühl begegne.
Ich danke mir,
dass ich verzeihen kann,
auch wenn es einige Zeit dauert,
um so meinen inneren Frieden zu leben.
Ich danke mir,
dass ich mir selbst die größte Liebe erlaube,
mich schütze,
mich stärke
und
mich selbst wieder auf die Beine stelle,
wenn das Leben mich straucheln lässt.
Ich danke mir,
dass ich mir dieses Leben ausgesucht habe,
denn hier kann ich lernen, wachsen
und meine Erfahrungen mit anderen teilen.
Ich danke mir für mein Sein,
in bedingungsloser Liebe zu mir selbst.

Und manchmal...

Und manchmal verhungerst Du,
obwohl Du am vollen gedeckten Tische sitzt.
Und manchmal bist Du taub,
obwohl Deine Ohren voller Lärm sind.
Und manchmal siehst Du nur noch Dunkelheit,
obwohl Du im Sonnenlicht stehst.
Und manchmal frierst Du,
obwohl Dein Körper vor Hitze schwitzt.
Und manchmal schreist Du,
obwohl kein Laut Deine Kehle verlässt.
Und manchmal lachst Du ins Leben,
obwohl Deine Seele an Deinen Tränen erstickt.
Und manchmal hast Du keine Gefühle mehr,
obwohl Du voller Emotionen bist.
Und manchmal ist Dein Leben ein einziges Fragezeichen,
obwohl alle Antworten in Dir sind.
Und manchmal bist Du unendlich einsam,
obwohl Du von Menschen umgeben bist.
Und manchmal schweigst Du,
obwohl Du so viele Dinge zu sagen hast.
Und manchmal spürst Du keine Liebe mehr,
obwohl Du die Liebe bist.
Und manchmal schmerzt Dich die Sehnsucht nach Leben,
obwohl Du Dich für den Nebel entschieden hast.
Und so wartest Du darauf,
bis all das vorüber ist und
Du Dein Leben und Dich
mit allem was dazu gehört
wieder annehmen, lieben
und genießen kannst.

Wahrheit und Liebe

Wahrheit und Liebe misst sich nicht daran,
wie viele Texte ich teile,
Versprechen abgebe
oder Lippenbekenntnisse ich mache.
Wahrheit und Liebe misst sich daran,
wie sehr ich mich selbst liebe,
wie sehr ich in der eigenen Verantwortung bleibe
und meine Talente und Fehler annehme.
Wahrheit und Liebe misst sich daran,
wie sehr ich all das, was ich aufnehme,
in mir wachsen lasse
und es lebe mit allen Konsequenzen.
Dann bin ich authentisch,
dann bin ich im Frieden
und in der Liebe mit mir selbst,
dann bin ich bei mir.
Und erst dann kann ich meinen Mitmenschen
wirklich im Innern und Außen nahe sein.
Ich wünsche Dir,
dass auch Du den Mut hast
Liebe und Wahrheit in Dir zu finden,
nur für Dich selbst.
Ich wünsche Dir,
dass Du Deine Verantwortung übernimmst
und das Schuldgefühl loslässt,
denn es gibt keine Schuld.
Ich wünsche Dir,
dass Du eines Tages wirklich spüren kannst,
wie wundervoll Du bist
mit Deinen Talenten und Fehlern,
denn erst dann werden meine liebenden Worte
und meine bedingungslose Liebe

Dich wirklich erreichen.
Bis dahin lasse ich im Außen los
mit dem tiefen Gefühl der inneren Verbundenheit,
die uns auf ewig vereint.
Und wenn Du bereit bist
Dich wirklich zu sehen,
zu spüren,
Dich anzunehmen,
dann bin ich hier
und feiere mit Dir
Dich und mich und das Leben.

Du fragst warum meine Seele weint und mein Blick und mein Herz versteinert???

Menschen sagen mir, dass sie mich mit allem akzeptieren und lieben, was ich bin
und was ich in mir trage, doch sie verlassen mich später genau deswegen wieder,
wenn sie sich innerlich bei mir genug genommen haben.

Menschen sagen mir, dass ich Licht auf die Schatten anderer werfe und ich mich nicht
beklagen soll, wenn sie wieder in ihre Dunkelheit gehen, denn meine Bestimmung sei es nur,
ihnen für kurze Zeit Licht zu schenken und nicht mein Leben mit ihnen zu teilen.

Menschen sagen mir, dass sie meinen Rat suchen, ihnen aber mein Tiefgang zu anstrengend ist
und empfinden manches als Arroganz, nur weil sie noch nicht bereit sind
zu vertrauen und zu glauben.

Menschen sagen mir, ich soll alles, was in mir ist, für mich allein leben
und endlich aufhören so viele Fragen zu stellen, denn ich wäre viel zu bedürftig und fordernd.

Menschen sagen mir, dass ich ihnen vertrauen kann, doch jeder dritte Satz von ihnen ist eine Lüge, weil sie nicht bereit sind, ihre Verantwortung zu übernehmen.

Menschen sagen mir, dass sie meine Nähe suchen und wünschen,
doch interpretieren sie emotionale Herz- und Seelenverbindung
mit menschlicher Abhängigkeit zueinander.

Menschen sagen mir, dass die Suche nach symbiotischen Beziehungen
zwar menschlich sei, aber nur ein blödes Hirngespinst, welches auf eine Illusion aufgebaut wurde.

Menschen sagen mir, dass sie meine Toleranz und Ehrlichkeit schätzen,
lassen mich aber mit aller Schuld im Regen stehen, sobald ich
meine emotionalen Grenzen zeige und lebe.

Menschen sagen mir, wir sind mit allem verbunden,
im ALL EINS SEIN, doch stellen auch klar, dass
dies ausschließlich für ALLEIN SEIN steht.

Menschen sagen mir, dass sie nicht verstehen, warum
ich plötzlich so sehr schweige und mich nur noch in
der Oberflächlichkeit bewege,
um mich mit meinen Gedanken und Gefühlen in die
Einsamkeit zurückzuziehen.

Menschen sagen mir, das es früher mal lustiger war
mit mir,
als ich noch nicht über alles geschimpft habe und
stattdessen jegliches Handeln anderer toleriert habe.

Du fragst warum meine Seele weint und mein Blick
und mein Herz versteinert???

Weil ich die Liebe bin

Du suchst mich, schreist nach mir
und wenn Du mir dann gegenüber stehst,
fällst Du erschöpft in meine Arme,
weil ich die Liebe bin.

Wenn Du aufgetankt hast,
während Du Deine Sorgen bei mir abgelegt hast,
stellst Du Dich bereit zum Kampf vor mich,
weil ich die Liebe bin.

Du schaust mich an voller Wut und Schmerz,
siehst in mir Dein Spiegelbild
und bist noch nicht bereit, Dir selbst zu verzeihen,
weil ich die Liebe bin.

Du suchst nach Ausreden, willst Dich verstecken,
fühlst Dich unendlich klein und ignorierst Deine eigene Verantwortung,
während Du mich beneidest, anklagst, meidest,
weil ich die Liebe bin.

Du versuchst Dich mit Macht, Geld oder Manipulation
vor der Wahrheit zu verstecken und schuldig fühlend
bemerkst Du,
das ich all das erkenne ohne Anklage,
weil ich die Liebe bin.

Du fühlst Dich bedroht, weil Du so viel Schmerz in
Dir trägst,
bemängelst die Kriege und die Ungerechtigkeiten der
Welt,
während Du mit dem Finger auf mich zeigst,
weil ich die Liebe bin.

Du forderst ein, meinst zu Dir zu stehen,
mit allem was Du bist und willst noch nicht erkennen,
dass Du Dich in allem selbst bekämpfst,
weil ich die Liebe bin.

Du definierst Dich über Leistung, weltliche Erfolge
und mehr,
weil Du nicht auf das vertrauen willst, was Du wirklich bist,

während ich Dich an Dein eigentliches Wesen erinnere,
weil ich die Liebe bin.

Und im entscheidenden Moment,
wo ich Dir bedingungslos die Hand reiche,
um Dich zu begleiten auf Deinem Weg zum Glück,
um Dir Mut zuzusprechen,
um Dich an Dein Potenzial zu erinnern,
ich nicht nur zuhöre, sondern hinhöre,
mein Herz alle unausgesprochenen Worte aufnimmt,
die Du aus Angst nicht auszusprechen wagst,
ich nicht erwarte, sondern bedingungslos einfach da bin,
in diesem Moment drehst Du Dich weg und lässt mich zurück,
weil ich die Liebe bin.

Und wenn Du Dich umdrehst, begreifst Du nicht,
warum ich nicht darum flehe, dass Du bleibst,
warum ich nicht um Dich kämpfe und Dir beweise,
wie wichtig Du bist, wie sehr die Welt Dich braucht,
wo ich doch angeblich die Liebe bin.

Und wenn Du Dich umdrehst, begreifst Du nicht,
dass ich Dir nichts geben kann, was Du für Dich selbst nicht spürst,
dass ich nichts ausradieren kann, was Du Dir selbst nicht verzeihst,
dass ich Deinen inneren Frieden nicht wiederherstelle,
während Du die Schlachtfelder suchst,
wo ich doch angeblich die Liebe bin.

Ich sehe, erkenne, toleriere, verstehe,

ich akzeptiere ohne Vorwurf, bin authentisch mensch-
lich.
Ich halte Licht und Schatten in meinen Händen ohne
Bewertung
und erleuchte die Dunkelheit im Einklang mit allem.
Ich dränge Dich nicht, lasse Dir die Wahl,
bleibe still und wehre mich nicht, wenn Du mich an-
greifst.
Ich trage nicht für Dich, sondern weiß um Deine Stär-
ke und Kraft,
Dein Leben, mit allem, was dazu gehört, selbst tragen
zu können.
Ich erinnere Dich an Deine Größe, obwohl Du Dich
klein fühlst.
Ich trage keine Maske und lebe meine Emotionen in
all ihren Facetten und Tiefen,
obwohl viele Menschen vergessen haben, wie das
geht.
Ich überfordere Dich manchmal, weil Du mit dem
Verstand erklären willst
und Dein Herz ignorierst, dass alles Wissen in sich
trägt,
weil ich die Liebe bin.

Und während Du von mir gehst, wünsche ich Dir,
dass Du eines Tages spüren kannst,
dass ich trotz allem der Teil von Dir bin,
aus dem Du entsprungen bist.
Und während Du von mir gehst, wünsche ich Dir,
dass Du eines Tages erkennen kannst,
dass ich die Antwort auf all Dein Flehen und auf all
Deine Fragen bin,
die schon immer in Dir verborgen war,
weil ich die Liebe bin.

Mein Weihnachtsengel

Weihnachten heute -
Nur noch Konsum und Umsatzrekorde?
Alles Hokuspokus und nur Kindheitsillusion?
Die Geburt Jesu, Gott und der Himmel nur Blödsinn
und von der Kirche erfunden, damit
der naive Mensch etwas hat, an das er in seinen
schwächsten Momenten die Verantwortung schieben
kann?

Weihnachten vor 2000 Jahren -
Ein Mensch wurde geboren,
von Gott persönlich geschickt.
Brachte Liebe und Wärme unter die Menschen,
hörte ihnen zu, verstand ihre Probleme.
Machte es sich zur Lebensaufgabe
mehr an andere mit deren Leid zu denken
und weniger an sich selbst.
Wollte etwas in ihren Herzen bewegen
und kämpfte stets gegen Hass und Gewalt.
Hat sein Leben geopfert und wurde doch genau da-
durch
menschlicher, als es viele von uns je im Leben sein
werden.

Ich seh in die Augen meines Weihnachtsengels und
weiß,
eigentlich dürftest Du gar nicht unter uns sein.
Deine Überlebenschancen waren von Anfang an
mehr schlecht als recht.
Doch
Deine Augen strahlen, stecken so voller Lebensfreude.
Steckst alle Welt an mit Deiner Fröhlichkeit und

Leichtigkeit zu leben.
Gibst unendlich viel Wärme und Liebe
- total selbstlos -
nur darauf bedacht, Freude am Leben zu haben
und Liebe zu schenken.
In Deinen Augen lebt ein Stück Himmel auf Erden.

Weihnachten -
Alles nur Einbildung und Konsum,
denn
göttliche Wunder gibt es nicht?
Für mich nicht...

Wenn Du Dein Herz öffnest

Wenn Du Dein Herz öffnest
für all die unglaublichen Wunder
und Einzigartigkeiten dieser Welt,
darfst Du erleben,
dass es vollkommen egal ist,
wie hoch Dein IQ ist,
wo Deine "Mängel" liegen.
Denn,
wer mit dem bedingungslosen liebenden Herzen sieht,
wird erleben dürfen,
dass dort,
wo ein scheinbarer Mangel herrscht,
ein riesiges Meer an Talenten und Fähigkeiten
schlummert,

welche nur darauf wartet
gelebt zu werden.
Leider teilt die Welt uns Menschen
zu schnell in Gruppen und Klassen ein,
welche dann wie Ketten im Leben um einige Men-
schen liegen.
Und doch gibt es Menschen,
welche diese Ketten einfach sprengen,
sich nicht darum scheren,
was andere als "normal oder unnormal" ansehen,
sondern
sie leben einfach ihr Leben nach ihren Gaben und Ta-
lenten
auf eine so wundervolle Weise,
dass manch "normaler" Mensch fast neidisch wird.
Jeder Mensch ist einzigartig,
genau so wie er ist.
Mag er vielleicht in einigen Bereichen Hilfestellung
brauchen,
ist genau dieser Mensch doch in anderen Teilen seines
Lebens
so reich beschenkt,
dass es einen einfach nur glücklich, stolz und sprach-
los zusehen lässt,
um davon zu lernen.
Macht Euer Herz auf
und wagt Euch,
die Einzigartigkeit in jedem Menschen zu erkennen,
denn so lernen und gewinnen alle.

Wenn ich in den Spiegel schau

Wenn ich in den Spiegel schau,
dann sehe ich einen Menschen,
der viel gekämpft hat und dennoch der Frieden ist.
Wenn ich in den Spiegel schau,
dann sehe ich eine Frau,
die sich oft selbst verraten hat und dennoch voll und
ganz in ihrer Weiblichkeit ruht.

Wenn ich in den Spiegel schau,
dann sehe ich Augen,
die manchmal ertrinken im Tränenmeer und dennoch
aus voller Inbrunst lachen.
Wenn ich in den Spiegel schau,
dann sehe ich Hände,
die sich zu wehren wissen und dennoch tiefe Zärtlich-
keit sind.

Wenn ich in den Spiegel schau,
dann sehe ich Füße,
die auch davon gelaufen sind und dennoch voller
Freude jede Herausforderung meistern.

Wenn ich in den Spiegel schau,
dann sehe ich ein Herz,
das Mauern errichtet hat und dennoch ehrlich offen je-
dem Menschen begegnet.
Wenn ich in den Spiegel schau,
dann sehe ich einen Mund,
der nicht selten aus Wut verletzt hat und dennoch leise
flüsternd bedingungslose Liebe schenkt.

Wenn ich in den Spiegel schau,

dann sehe ich Ohren,
die manchmal schmerzvoll verschlossen sind und dennoch alle unausgesprochenen Worte hören.
Wenn ich in den Spiegel schau,
dann sehe ich eine Seele,
die auch die Todessehnsucht kennt und dennoch das Leben liebt.

Wenn ich in den Spiegel schau,
dann sehe ich mich,
die fast daran gewöhnt ist, dass Menschen mich faszinierend finden,
um mich später wegen zu vieler Emotionen zu meiden.
Wenn ich ich den Spiegel schau,
dann höre ich mich,
wie ich lautlos um Hilfe schreie und mich selbst von allem entferne,
obwohl ich die Nähe und Symbiose mit anderen liebe.

Wenn ich in den Spiegel schaue,
dann fühle ich mich,
wie ich trotz allem in mir ruhe, mich liebe, mich selbst mit allen Facetten erkenne
und unaufhörlich bei mir bleibe aus bedingungsloser Liebe.

Wenn ich in den Spiegel schaue,
dann umarme ich mich,
denn egal, was andere sagen, hören oder wie sie handeln,
ich bin und bleibe ich und diene so mir und der Welt.

Was siehst Du, wenn Du in den Spiegel schaust?

Wie gern...

Wie gern wäre ich bei Dir.
Würde mich flüchten in Deinen Arm
vor der lauten Welt da draußen.
Nicht, weil ich schwach bin,
sondern einfach nur um durchzuatmen.
Eine kleine Pause vom Leben würde ich
bei Dir einlegen.
Schweigend wärst Du einfach nur da
und hieltest mich fest.
Ich müsste nichts erklären,
denn Du wüsstest einfach mit liebevollem Blick.
Einmal durchatmen, einmal zur Ruhe kommen,
einfach die Augen schließen, bis ich mich selbst
wieder spüre und weiter gehen kann in meinem Le-
ben.
Wie gern wäre ich bei Dir.
Doch das geht nicht,
weder im Außen noch im Innern.
Ich habe verstanden, ich habe akzeptiert
und ich lasse los
auf allen Ebenen
und sehe zu
wie Du langsam am Horizont verschwindest im Nir-
gendwo.
Dein Platz ist leer in meinem Leben
wie auch an meiner inneren Seite.
Herzschmerzen, Tränen und dennoch trotz allem auch
ewige Liebe und Dankbarkeit.
Und eines Tages, wenn ich soweit bin,
drehe ich mich weg von Deinem Nirgendwo mit mei-
nem Blick
und gehe meiner Sonne entgegen.

Ich danke Dir, dass Du da warst,
wenn auch nur für kurze Zeit.
Du bist ein Teil von mir,
ein Teil meiner Seele und meines Herzens.
Ich liebe Dich,
wie nur eine Tochter ihren Vater lieben kann.

Wahres Glück

Auch der größte Lottogewinn
wird Dich nicht glücklich machen.
Du kannst damit vielleicht
Deine materiellen Sehnsüchte stillen,
aber
dennoch bleibt ein Teil unerfüllt in Dir.
Wahres Glück
und
Innerer Reichtum
sind unbezahlbar.
Das
findest Du nur
in Dir selbst.

Wir sind alle gleich

Manche Menschen suchen so sehr den Applaus im
Außen,
dass sie dabei hin und wieder das eigentliche Leben
vergessen.
Manche Menschen suchen so sehr nach Sicherheit,
dass sie während dieser Suche den Blick getrübt ha-
ben,
für das, was ihr Leben bereichert.

Manche Menschen suchen immer wieder nach Ant-
worten für ihren Kopf,
dass sie für eine Weile
die Stimme ihres Herzens nicht mehr wahrnehmen.
Manche Menschen sind bestrebt
die Kontrolle für ein befreites Leben zu entdecken,
dass sie dabei übersehen, dass sie sich genau dadurch
selbst einsperren.

Auf den ersten Blick mag all das so unterschiedlich
wirken
und doch ähneln sie sich alle,
denn alle suchen doch irgendwie immer nur die Liebe.
Und so sucht jeder auf seine Weise.
Wie lange diese Suche dauert, bestimmt jeder selbst
für sich.

Und dann,
wenn wir aufhören zu suchen,
wenn wir uns ergeben und alles abgeben,
aufhören zu fragen,
aufhören kontrollieren zu wollen,
aufhören wegzulaufen,

aufhören die Wahrheit zu verdrehen,
wenn wir uns alle Gefühle zugestehen,
Wut, Trauer, Schmerz, Selbstverleugnung,
wenn wir begreifen,
dass das Licht auch Schatten braucht,
der erhellt wird, um gesehen zu werden,
dann, ja dann ist alles da.

Dann dürfen wir erkennen und spüren,
dass alles in uns ist,
in uns selbst.
Auch wenn wir es so lange nicht für möglich gehalten
haben,
war es immer da, ist es jetzt da und wird es immer
sein.

Ich wünsche jeder Seele da draußen,
einschließlich mir selbst,
dass wir nie vergessen,
all das zu erkennen,
wenn wir uns im Spiegel betrachten.
Denn das ist das wahre Geschenk des Lebens.

Wirklich Neidisch?

Du bist neidisch oder eifersüchtig auf mich,
auf mein Leben,
auf meine Lebensfreude?
Das ist ok,
Du darfst Dich liebend gern hinten in die Warte-
schlange stellen.
Doch Vorsicht,
denn viele, die vor Dir warten,
werden, je weiter sie vorrücken,
freiwillig das Feld räumen.
Warum?
Je näher sie mir kommen,
desto intensiver schauen sie auf mein Leben,
desto mehr erfahren sie
von meinen Erlebnissen aus der Vergangenheit,
die mich in der Gegenwart prägen
und in meine Zukunft blicken lassen.
Plötzlich erkennen sie,
wie viel Kraft, Mut, Kampf und Ausdauer
mein Leben gefordert hat,
bevor ich das Glück und die Liebe ergreifen konnte,
um das zu sein,
was Du jetzt siehst.
Es könnte also sein,
dass Du schneller direkt vor mir stehst,
als Du denkst.

Zeige Dich

Es gibt Dinge im Leben,
wo Du einfach ganz tief im Herzen spürst,
dass Du sie tun musst.
Dann geht es nicht darum,
was andere sagen
oder wie Du im Außen bewertest wirst.
Du weißt und spürst ganz einfach mit Deiner ganzen
Seele,
wie wichtig es für DICH ist,
egal wie es ausgeht.
Dann geht es nicht darum,
ob Du gewinnst oder verlierst,
weil die Erfahrung und Dein Mut dafür
Dir einfach alles bedeutet.
Und dann,
wenn Du da stehst
und das Licht und alle Augen auf Dich fallen,
bist so unsagbar nah bei Dir,
gibst alles, zeigst Dich ohne jeglichen Schutz.
Du spürst keine Angst oder dergleichen,
sondern bist einfach unbeschreiblich glücklich,
dass Du DICH gezeigt hast
mit allem, was Du bist.

Zeilen an mich selbst

Und manchmal hast Du Dir für alles und jeden Zeit
genommen im Leben,
nur nicht für Dich.

Und manchmal hast Du wie ein Löwe das beschützt,
was Du liebst,
nur nicht Dich.

Und manchmal hast Du für alle gesorgt,
nur nicht für Dich.

Und manchmal hast Du alle getröstet,
nur nicht Dich.

Und manchmal hattest Du für alle ein offenes Ohr,
nur nicht für Dich.

Und manchmal hast Du für alle anderen den Weg er-
hellt,
nur nicht für Dich.

Und manchmal hast Du für unendlich viele Dinge Lie-
be empfunden,
nur nicht für Dich.

Und manchmal hast Du ehrliche und tiefe Vergebung
verschenkt,
nur nicht an Dich.

Und manchmal war Deine Tür stets für andere mitfüh-
lend geöffnet,
nur nicht für Dich.

Und manchmal hast Du für alle gelebt,
nur nicht für Dich.

Ich wünsche Dir aus tiefer Liebe,
dass Du all das,
was Du wertvolles anderen geschenkt hast,
auch und als allererstes Dir selber schenkst.

Denn so hast Du die Möglichkeit,
Dich selbst zu heilen in Liebe.
So wird Deine eigene Heilung und Liebe
Wegweiser für andere, es Dir gleich zu tun.
So dienst Du Dir selbst mit allem was Du bist
in tiefer Verbundenheit zu Deinem Menschsein und
Deiner Seele.

Und je mehr Seelen diesen Weg wagen,
desto mehr Liebe und himmlisches Gleichgewicht
lebt in uns, unserem Leben
und Mutter Erde.

Das Schweigen des Herzens

Manchmal ist Schweigen
der einzige Weg,
um das auszusprechen,
was das Herz
nicht zu sagen vermag.

Wunderschön und einzigartig

Ich wünsche Dir,
dass Du eines Tages in den Spiegel schaust
und Dein wahres ICH erkennen kannst
mit den Augen der bedingungslosen Liebe.
Dann erkennst Du,
wie wunderschön
und einzigartig Du bist.

Bist Du bereit?

Wenn wir begreifen,
dass wir uns selbst als einzige Grenzen setzen,
dann sind wir auch in der Lage
diese aufzuheben,
zu jeder Zeit.
Dann erleben wir eine Freiheit im Leben,
in der alles vor uns liegt,
in der alles möglich ist.
Dann ist es zu jeder Zeit möglich,
ein Leben
in Fülle,
Liebe und Frieden zu leben.
Bist Du bereit,
Dir all das zu erlauben?

Auch DU

Jeder Mensch kommt als ungeschliffener Diamant zur
Welt.
Damit wir all unseren Glanz leben,
brauchen wir Vertrauen
und Glauben an uns selbst
und Menschen,
die uns an unser Leuchten erinnern,
wenn wir dies in schwierigen Zeiten
nicht klar erkennen können.

Du bist vielmehr als Du siehst

Wir Menschen sind vielmehr
als nur körperliche Hülle.
Hinter unserer Fassade verbirgt sich ein
Meer an Tiefe,
Herzensenergie
und Seelenanteilen,
welche wir bewusst im Leben
willkommen heißen dürfen,
um daraus all die Kraft
und die Energie zu schöpfen,
die uns auf unserem Lebensweg begleiten möchte.
All das gehört zu uns
und wartet nur darauf,
von uns entdeckt zu werden.

Erst dann

Erst wenn mein Herz auch mal schmerzt,
weiß ich, dass ich lebe.
Erst wenn Liebe jede Pore meines Körpers durchfährt,
weiß ich, dass ich lebe.
Erst wenn Worte meine Seele berühren,
weiß ich, dass ich lebe.
Erst wenn Küsse meine Haut fast zum Verbrennen
bringen,
weiß ich, dass ich lebe.
Erst wenn ich Deinen Körper und Deine Hände über-
all spüren kann,
weiß ich, dass ich lebe.

Komm, hauch mir Leben ein!

Geliebter Duft

Der Duft eines geliebten Menschen gehört für mich
mit zu den schönsten Dingen des Lebens,
denn an diesem Menschen zu riechen,
darin zu versinken,
ist für mich bedingungslose Hingabe,
lässt mich fliegen und schweben
bis in die Unendlichkeit.

Greife zu

Liebe interessiert sich nicht
für Deine Herkunft,
Deinen Glauben,
Dein Maß an Intelligenz,
Deine Defizite,
Dein Geschlecht,
Deine körperliche Andersheit.
Liebe sieht, erkennt, fühlt, lebt
und beflügelt
und ist einfach unendlich da.
Greife zu,
die Liebe warte auf Dich
mit allem, was Du bist.

Grenzenlos

Habe den Mut zur
scheinbaren Unvollkommenheit,
denn darin verbirgt sich
ein endlos großer Schatz an
Erfahrungen, Lebensglück und Wachstum.

Grenzenlose Welt

Welche Hürde mir das Leben auch immer vor die
Füße legt,
ich sehe sie als Herausforderung
und überspringe sie mit einer Leichtigkeit,
die manche sprachlos oft macht.
Woher ich die Kraft dazu nehme?
Ich glaube an mich und meine innere Freiheit,
mein Leben nach meinen Herzenswünschen auszu-
richten und zu leben.
Wenn ich an mir zweifel,
stütze ich mich auf die Menschen,
die mich ehrlich und bedingungslos lieben.
So lebe ich meine eigene Wahrheit
in meiner bunten, glücklichen und grenzenlosen Welt.

Intimität

Intimität und Liebe entsteht oftmals genau dann,
wenn wir aufhören zu reden
und den anderen einfach nur spüren.
So begegnen sich unsere Körper,
unsere Herzen, unsere Seelen.

Innere Trennung

Es ist nicht das Loslassen,
was mich schmerzt.
Es ist vielmehr das Akzeptieren,
dass ich Dich in der Dunkelheit
zurück lassen muss,
weil Du Dein eigenes Licht verweigerst
und es bekämpfst.
Doch wenn ich bleibe,
sterbe ich
und
lebe ebenso entgegen meines Herzens.
So bleibt mir nur fortzugehen in mein Licht
und
Dir einen Engel zu schicken,
der bei Dir ist und
über Deinen Schmerz wacht,
in der Hoffnung,
dass Du eines Tages erkennen kannst,
dass auch Du wundervoll und einzigartig bist.

Kopflos

Vertrauen und Sicherheit sind dort,
wo der Kopf nicht mehr zweifelt
und das Herz einfach liebt.

Liebesduett

Wenn Du die Liebe suchst,
ist es gut,
wenn Du diese erst in Dir selbst findest,
in Deinem Innern,
in Deinem Herzen,
in Deiner Seele.
So wird die Melodie Deines Herzens
zu Deiner bewussten Melodie.
Und wenn Du mit diesem Wissen
einen Menschen triffst und
Dein Herz für ihn öffnest,
hast Du die Möglichkeit mit diesem Auserwählten
Deine Klänge im zweistimmigen Duett zu singen.
So erlebt Ihr Euer Leben,
eingebettet in Eurem Lied der Liebe.

Sanfte Erinnerung

Es ist wunderbar,
wenn Du Dich um Deine Mitmenschen kümmerst.
Doch vergiss niemals:
DU bist der wichtigste Mensch
in DEINEM Leben.

Selbstliebe

So wie Du Dir das Lachen erlaubst,
darfst Du auch Deine Traurigkeit, Deine Wut
und Deine Enttäuschung leben.
Das macht Dich nicht klein, hilflos oder angreifbar,
sondern es macht Dich menschlich.
Erlaube Dir mit all Deinen Gefühlen bei Dir anzu-
kommen,
um so Deinen Mitmenschen zu begegnen.
Wenn Du selbst ehrlich und offen zu Dir bist,
gibst Du Deinen Mitmenschen die Möglichkeit,
Dich ebenso zu betrachten,
Dich als Mensch zu erfahren, mit allen Höhen und
Tiefen,
die das Leben ausmachen.
Habe den Mut zu Dir zu stehen
mit allem was Du bist,
denn so nimmst Du Dich an in Liebe.

Spiegelbild

Als ich bereit war
in mein Spiegelbild zu schauen,
fand ich all das,
was ich so lange im Außen gesucht hatte,
als unerschöpfliche Quelle in mir selbst.

Übers alt werden

Alt werden bedeutet nicht
nicht mehr „in" zu sein,
gebrechlich oder gar unbrauchbar zu werden.
Vielmehr ist es der Weg zu dem Ziel,
weise und voller Gelassenheit im Herzen
den Sinn des Lebens zu begreifen,
um in Zeiten der oft viel zu schnellen Welt
den „jungen Hüpfern" eine Stütze zu sein.
Damit diese durch Konsum und Macht
die wahren Werte des Lebens nicht verlieren
und niemals vergessen,
von welch unschätzbaren Wert
Familie, Frieden, Gesundheit und
Nächstenliebe sind.

Vergangenheit, Gegenwart, Zukunft

Ich habe gelernt
den Blick nach vorn zu richten,
um die Gegenwart in Liebe anzunehmen,
Kraft und Mut aus der Vergangenheit zu ziehen,
denn sie ist ein Teil von mir
und so frei und offen
meiner Zukunft entgegen zu gehen,
die noch nicht geschrieben steht.

Was Du siehst, liegt bei Dir

Mein Herz ist stets geöffnet
für alle Menschen, Tiere und Wunder dieser Welt.
Dort gibt es unendlich viel Liebe,
Toleranz, herzliche Ehrlichkeit,
Mitgefühl,Akzeptanz, klare Menschlichkeit
und Freude über alles,
was ist.
Wenn Du Dich in Selbstzweifel
und Eigenangriffe verstrickst,
bleibt all das für Dein Auge unsichtbar
und
hinter einem Schleier verborgen.
Welche Sicht Du Dir erlaubst,
liegt allein bei Dir.

Vorübergehend geschlossen

Solang Du die Wahrheit verdrehst
und kein Rückgrat zeigst,
um zu Deinen Schatten zu stehen,
solang wirst Du nie verstehen,
warum ich mein Herz
nun vor Dir verschlossen halte.

Mein Seelenraum

Es gibt diesen einen Ort,
wo für mich nur Frieden herrscht.
Wo ich getragen werde von Liebe,
innerer Heimat und Glück.
Und wenn die Welt,
wie so oft beherrscht wird von Missachtung,
Schmerz, Neid, Kampf und Verachtung
träume ich mich dorthin.
Denn dort sieht niemand meinen Schmerz
und
meine Tränen über all die Grausamkeiten in der Welt.
Dort darf ich sein, wie ich bin,
mit allem was in mir ist.
Dort heile ich meine Wunden,
bis sie nicht mehr so sehr bluten,
dort tanke ich auf,
bis ich mich und meine Kraft wieder gefunden hab,
um weiter zu leben im Hier und Jetzt.

Mit jedem Sonnenaufgang

Mit jedem Sonnenaufgang beginnt ein neuer Tag
und
mit ihm auch die Möglichkeit,
unsere Ängste und Zweifel zu besiegen,
um stattdessen weiter
unseren Träumen und Gaben zu folgen.

Ich liebe mich

Ich liebe mich für alles,
was ich bin.
Ich liebe mich für das,
was ich verziehen habe
und
auch für das, wo ich es nicht tue.
Auch wenn ich alle Zusammenhänge
im Wesen eines anderen
in Liebe erkenne,
distanziere ich mich
von diesen Angriffen,
denn ich gehöre in keine Kampfarena.
Ich stehe bedingungslos zu mir,
zu meinen Stärken
und zu meinen Schwächen,
denn all das bin ich.

Freundschaft

Wahre Freundschaft misst sich nicht
an der Anzahl der gemeinsamen Stunden,
sondern an der ehrlichen
und
bedingungslosen Verbundenheit im Herzen.

Geplant planlos

Manchmal machen wir in unserem Leben so viele Plä-
ne,
dass wir dabei das Leben an sich vergessen.
Und dann entscheide ich mich bewusst dafür
nicht mehr zu planen,
sondern mich frei und offen auf das zu freuen,
was sich zeigt und auf mich zukommt.
Und so begegne ich im Leben meinen Träumen
und reise mit ihnen in meine Realität.

Die Melodie Deines Herzens

Wenn Du der Melodie Deines Herzens folgst,
dann fließt statt Blut pure Liebe durch Deinen Körper.
Lass Dich beflügeln von dem Gesang Deiner Seele
und Du wirst hinaufgetragen in Ebenen,
wo es keine Grenzen mehr gibt.
Alles ist leicht,
was vorher schwer erschien.
Alles ist greifbar,
was vorher nicht sichtbar war.
Träume werden Realität
und bilden den Text
zu Deinen eigenen inneren Klängen

Freie Wege

Hinschauen und erkennen tut weh
und macht uns Menschen Angst.
Doch
Wegschauen erhöht die Kraft und Energie dessen,
was bedrückt, erschwert und
uns innerlich gefangen hält.
Richte Deinen Blick wieder auf Dein Herz
und mache Dir so
Deinen Weg frei
für bedingungslose Liebe für Dich selbst und
tiefen Frieden in Dir.

Für Deine letzte Reise

Meine Geschenke an Dich
für Deine letzte menschliche Reise sind
Liebe, Vertrauen, Wärme, Frieden und Hoffnung.
Und wenn mein menschliches Herz
die Trauer losgelassen hat,
sind wir verbunden
im Licht der ewigen Liebe.

Herzschmerz

Und manchmal sehne ich mich danach,
dass Du mich wieder anschaust
mit all der Faszination und Neugier des Anfangs,
dass Du von selbst
wieder nah bei mir sein willst und
Du genau deshalb so glücklich bist.
Ja,
Du bist da,
doch schon lang nicht mehr so,
wies es einmal war.
Und im Leben lächle ich,
damit niemand sieht,
wie sehr mein Herz an manchen Tagen
an dieser Sehnsucht zerbricht.

Frei

Der einzige Mensch,
der mich verletzten kann,
bin ich selbst.
Seit dem Moment,
in dem ich endlich verstand,
bin ich frei,
frei für mich
und mein wunderbares Leben.

Fülle

Wenn Du Deine unbewussten Mauern im Innern ein-
reißt,
verändert sich alles.
Nicht,
weil das Außen sich verändert hat,
sondern Du Dich für Dich selbst.
Plötzlich ist alles da,
was Du so lang gesucht hast.
Dann spürst Du sie,
die tiefe bedingungslose Liebe zu Dir selbst
und zu allem, was ist.
Dann gibt es keine Suche
und keinen Mangel mehr
und Du erkennst,
dass alles direkt vor Deinen Füssen liegt
und Du nur noch zugreifen brauchst.

Fehler sind herrlich menschlich

Der Mensch wird nicht geboren,
um fehlerfrei zu sein.
Würden wir nicht unsere
Menschlichkeit und unser Leuchten verlieren,
wenn wir perfekt wären?

Einfach so...

Und dann,
ganz plötzlich
ist er da,
dieser Moment,
auf den Du so lang gewartet hast
und schon fast keine Kraft mehr hattest,
daran zu glauben.
Jetzt ist er da,
einfach so...

Ich lasse los

Ich lasse los,
wo ich zu sehr festhielt
und erlaube mir den menschlichen Schmerz
in dem Wissen,
dass die Verbundenheit in der Erinnerung bleibt.
Und wenn es aus freien Stücken zu mir zurück
kommt,
wird es anders sein
und echter,
weil wir spüren,
dass es erst dann von allen
bedingungslos gelebte Liebe ist im Leben.

Kopfstand

Manchmal ist es an der Zeit,
die Welt einfach
für einen Augenblick
auf den Kopf zu stellen.
Das macht den Kopf wieder frei
und
kribbelt so herrlich im Bauch.

Ich danke mir

Ich danke mir,
dass ich die Lektion
aus dem letzten Gewitter lernen durfte
und
nun verstehe, fühle, sehe, zulasse.
Nie war eine Träne ungeweint,
nie war ein Sturz zu Boden unbedeutend,
denn
all das brauchte ich,
damit ich im Heute
bedingungslose Liebe zulasse
und in meinem Leben begrüße.

Ich kämpfe nicht

Ich habe verstanden,
welche Menschen mich wirklich bedingungslos lieben
und wer es nur vorspielt
zum Wohle des eigenen Egos.
Ich habe gelernt,
dass ein „ich liebe Dich" schnell gesagt wird
und die Taten und das Verhalten das Gegenteil zeigen.
Ich habe erlebt,
dass ich ausgenutzt wurde in meiner Sanftheit
und missbraucht in meinem Verständnis,
um mir Schuld zuzuschieben.
Viele glauben, ich erkenne das alles nicht,
weil ich schweige.
Doch für mich gibt es keinen Kampf mehr.
Ich trage die Liebe in mir
und wenn Du mich als Gegner siehst,
dann wehre ich mich nicht,
denn Du hast schon unendlich viel verloren.

Berufung

Meine Berufung zu leben ist für mich
der Stimme meines Herzens zu folgen
und
das Leuchten meiner Seele
in die Welt zu tragen.

Besondere Menschen

Besondere Menschen sind ein Geschenk des Himmels
und
eine Bereicherung für unser aller Leben.
Denn durch sie lernen wir in dieser schnellen Welt
wieder mit dem Herzen zu fühlen,
mit unserer Seele zu sehen
und
das „beschränkte" Denken zu begraben.
Öffne Dein Herz ohne Angst,
lege all Dein Mitleid beiseite
und nehme teil
am Glück des Lebens.
Du wirst göttliche Wunder und
bedingungslose Liebe erfahren,
welche nicht in Worte zu fassen sind.

Mutiges Geschenk

Das schönste Geschenk,
welches Du einem anderen Menschen machen kannst,
ist ihm sein Leben und
sein Schicksal zuzumuten,
eingebettet in Deiner bedingungslosen Liebe.

Einfach menschlich sein

Das eigene Licht leben,
den eigenen Schatten Raum schenken,
Liebe in die Welt tragen
und
der Wut auch Raum geben.
Mit anderen gemeinsam leben und lachen
und
die Stille mit sich selbst suchen
und genießen...
...einfach menschlich sein...

Prüfung

Wenn ich ein Teil Deines Lebens sein darf,
dann überprüfe vorher in Dir,
ob Du auch zu der bedingungslosen Liebe
JA sagen kannst.
Denn,
wenn Dein Herz verschlossen ist,
wird unweigerlich ein Abschied folgen
mit Schmerzen für uns beide.
Wenn Du aber den Mut hast,
Dich auf mich und die Liebe einzulassen,
dann werden wir beide fliegen
und schweben
bis in alle Ewigkeit.

Selbstbewusstsein

Selbstbewusstsein hat nichts mit mit Arroganz
oder Überheblichkeit zu tun.
Selbstbewusstsein ist das klare und annehmende Be-
wusstsein
seiner Stärken und Schwächen im harmonischen
Gleichgewicht.
Selbstbewusste Menschen mache sich
unabhängig von den Bewertungen anderer
und leben somit ihre Freiheit
und ihr Leben mit allem,
was dazu gehört
in bedingungsloser Liebe zu sich selbst.

Trau Dich

Wenn Du meine Welt begreifen willst,
musst Du vertrauen,
fühlen,
sehen,
hören.
Jedoch nicht mit dem Kopf,
den Augen
und den Ohren,
sondern
einzig und allein mit Deinem Herzen.
Hast Du vergessen, wie das geht?
Nimm meine Hand und ich zeig es Dir.